LE BALET DV NAVFRAGE HEVREVX.

Dancé au Louure deuant sa Majesté.

A PARIS,

Chez Nicolas Callemont, demeurant
ruë Quiquetonne.

M. DC. XXVI.

LE BALET DV.
NAVFRAGE
HEVREVX.

Recit d'vn Marchand.

V suis-je ? ô Dieux que de beautez
Que cette nuict à de clartez,
Que de feux brillent dans ses voiles
Par quels miracles nompareils
Les tenebres au lieu d'estoilles,
Ont elles de si beaux Soleils.
    Beautez, beaux Astres de la cour,
Qui d'vne nuict faictes vn iour,
Et descouurez tant de richesses :
Tout cedde au pouuoir de vos coups,
Et qui n'a point veu les Deesses
N'a rien veu de pareil à vous.
    Du courroux des vents & des eaux,
Les richesses de mes vaisseaux,
N'ont pû iamais estre sauuées ;
Mais vn plus grand bien m'est rendu,
Et ie croy vous ayant trouuées
Que i'ay plus gaigné que perdu.

Mon pilote & mes matelots,
Et ceux qu'ils menoient sur les flots
Viendront bien tost vous rendre hommage,
Et seront excellens nochers,
S'ils ne font vn second naufrage
En voyant de si beaux rochers.

C'est en vous que tous les tresors
Soit de l'esprit, ou soit du corps,
Ont des merueilles incroyables,
Et si comme les Immortels
Vous pouuiez estre pitoyables,
Vous auriez comme eux des autels.

Mais, ô belles Reines des cœurs,
Que vos appas ont de rigueurs,
Et qu'on souffre en vostre seruage,
On y treuue rien qui soit doux,
Et la roche ou i'ay fait naufrage,
N'estoit pas si dure que vous.

Mais vous auez beau m'outrager,
Pour fuir vn si beau danger,
Ie n'ay point vne ame assez basse,
Et vous veoir m'est vn tel honneur
Que puis qu'il vient de ma disgrace,
Ma disgrace m'est vn bon-heur.

Pour

Pour vn Pilote.

Ie tire de ma perte vn si grand aduantage,
Et i'ay fait vn si beau naufrage,
Que le plus grand des Roys a desiré d'auoir,
Le plaisir de le veoir.

Pour les Matelots,
Aux Dames.

Thresors de la terre & des Cieux,
Beautez ou tant de grace abonde
Pour nous perdre au feu de vos yeux,
Les Dieux nous ont sauuez de l'Onde.
Les vents ont esté nos vainqueurs,
Nous venons de faire naufrage,
Et n'auons plus rien que nos cœurs;
Dont nous puissions vous faire hommage.

Pour vn preneur de Tobac.

Cher object de mes sacrifices
Regardez par quels artifices
Ie trompe les yeux d'vn chacun,
Puis que sous l'espaisse fumée
Qui sort par ma pipe allumée,
Et qu'on croit venir du petun,
Ie cache celle de la flame
Que vous allumez dans mon ame.

B

Pour les Francs-Bourgeois.

Nous ne treuuons point nos delices,
A ne penser qu'à des malices,
Comme font tant d'autres Amans,
Beautez, beaux subiects de nos flames
Nous monstrons par nos vestemens,
La simplicité de nos ames.

Nous ne pouuons vser de feinte,
N'y sans suiect faire de plainte
Comme ces Muguets de la cour,
Ils n'ont que des cajolleries,
Et pour vous n'ont pas tant d'amour
Qu'ils en ont pour vos pierreries.

De vous aymer font ils promesse,
Sy vous ne leur donnez sans cesse,
Vous ne les pouuez arrester,
Mais nous auons dequoy despendre,
Et venons pour vous achepter,
Comme ils vont à vous pour se vendre.

Les Bourgeois en rien ne ressemblent,
A tant de Courtisans qui tremblent
A la rencontre d'vn Sergent,
Aussi tost ils prennent la course,
Ils sont couuerts d'or & d'argent,
Et n'en ont point dedans la bourse.

Pour le Mondain.

Bien que le Monde ait en tout temps,
Pour rendre mes desirs contens,
Des felicitez sans secondes,
J'en sortiray bien-tost si selon mon dessein
Je ne me rends vainqueur de ces deux petits Mondes,
Que ma Cloris à dans le sein.

Pour les Fantosmes.

Nul tourment n'est pareil au nostre,
Despechez vous de nous guerir:
Car si vous nous faictes mourir,
Nostre mort causera la vostre,
En cét affreux habillement
Nous sortirons du monument,
Et faisant vne triste plainte,
Beautez plus belles que le iour,
Nous vous ferons mourir de crainte,
Comme nous serons morts d'amour.

Pour le Furieux.

Bien qu'auiourd'huy ie ne m'accoste,
Que de ceux qui pour trop aymer,
A S. Mathurin vont en poste,
A ton suiect de m'emblasmer,

Puis qu'vne beauté sans seconde,
Estant la plus sage du monde,
M'a rendu le plus fol de tous,
Possible m'est ce vn tesmoignage,
Qu'il faut que ie hante les foux,
Afin que ie deuienne sage.

Pour vn porteur de Parasol.

Que ie suis fou de rechercher,
Vn Parasol pour empescher
Que le chaud du iour ne m'outrage:
Car aprés qu'vn bel œil vainqueur,
A reduit en cendre mon cœur,
Dois-je auoir soin de mon visage.

Pour les Pandoriens couuerts de Miroirs.

Cheres beautez, dont les thresors,
Brillent d'ineuitables charmes,
Les Miroirs qui couurent nos corps,
Sont faicts du cristal de nos larmes,
Si vous y voyez seullement;
Combien vostre grace est extréme,
Vous aduoürez qu'iniustement,
Vous deffendez que l'on vous ayme.

Pour

Pour des Hommes à trois visages,
Aux Dames.

A vous aymer & vous seruir,
Vos yeux qui sçauent tout rauir,
Enflament si fort nos courages,
Que sans doute chacun de nous,
Voudroit auoir trois cœurs comme il a trois visages,
Afin qu'il pûst mourir plus d'vne fois pour vous.

Pour des Hommes vestus des quatre Elemens.

L'Amour fait souffrir tant d'ennuy,
Et met tant de feu dans les ames,
Que vous voyez, comme aujourd'huy
La violence de ses flames
A chassé les quatre Elemens
Du corps de ces pauures Amans.

Pour des petits Monstres.
Aux Dames.

Sy l'incomparable rigueur,
Que vous cachez dedans le cœur
Estoit visible à tous les hommes,
Tous les hommes espouuantez
Aduoüroient que vos cruautez,
Sont plus Monstres que nous ne sommes.

Pour les Mores.
Beautez a qui rien n'est pareil,
Vos yeux plus beaux que le Soleil,

C

Plus que luy nous ont fait d'outrages,
Cét Astre a bien moins de rigueurs,
Il n'a noircy que nos visages,
Et vous auez bruslé nos cœurs.

Recit de l'Alchimiste.

Il n'est nulle sorte d'ennuy,
Dont aizément ie ne me garde,
Et n'est pas possible auiourd'huy,
De me veoir sans qu'on me regarde.

Les plus sçauans suiuent mes pas,
Mon art vous doit bien faire enuie,
Je puis vous garder du trespas,
Iusqu'à la fin de vostre vie.

Je suis l'honneur des beaux espris,
Je merite que l'on m'adore,
Sans qu'on m'ait iamais rien appris,
Ie sçay tout, fors ce que i'ignore.

Je fais que nul homme viuant,
Ne se leue quand il se couche,
Et ne peut parler en beuuant,
Ny manger sans ouurir la bouche.

Ie fais distiller nuict & iour,
Des eaux pour faire des pommades,
Qui peuuent guerir de l'Amour,
Tous ceux qui n'en sont point malades.

II

En fin i'ay des secrets diuins
Pour donner la mort, ou la vie,
Et n'est pas iusqu'au quinze vingts,
Qui de me veoir n'ayent enuie.

Second recit de l'Alchimiste.

Ie veux fondre dans mes fourneaux,
Ces pauures Amans miserables,
Et rendray ces Mores plus beaux,
Qu'ils ne semblent des-agreables.
Ie veux que charmant tous les yeux,
Ils soient vainqueurs de leurs Maistresses,
Et bien qu'ils ne soient pas des Dieux,
Ils possederont ces Déesses.

DIALOGVE DE L'ALCHIMISTE ET
des Mores, qu'il fond dans son
fourneau.

L'Alchimiste.

Pauures Amans, que dans ces flames
Vous souffrez vn cruel tourment,

Les Mores.

Le feu d'Amour est dans nos Ames,
Qui nous brusle bien autrement.

L'Alchimiſte.
Si les plaiſirs naiſſent des peines,
Vous en deuez bien eſperer.

Les Mores.
Las! pour flechir nos inhumaines,
Que ne doit-on point endurer?

L'Alchimiſte.
Courage, ces Dames ſi belles
Contenteront voſtre deſir,

Les Mores.
Vn ſeul baizer de ces cruelles
Nous feroit mourir de plaiſir.

Pour vn porteur de Charbon.

En portant ce Charbon, ie tremble à tous momens,
Et ſoudain tout plaiſir loing de moy ſe recule;
Car ce Charbon n'eſt fait que des cœurs des Amans
Que l'Amour a bruſlez, comme encore il me bruſle.

Pour vne Femme qui apporte des viures.

Las! ce n'eſt pas pour me traitter,
Que ie viens dans ces lieux des viures apporter;
Car depuis que l'Amour me tient ſoubs ſa puiſſance,
Je n'ay veſcu que d'eſperance.

DE L'ESTOÏLLE.